Discover - Asien erleben & entdecken
Vietnam Laos Kambodscha Thailand Myanmar Japan China
Digitale Reisefotografie

Heinz Duthel

Discover - Asien erleben & entdecken
Digitale Reisefotografie

Panasonic DMC-Fz150
89.6mm · f/4.6 · 10/2500s · ISO 100

Alle Bilder in diesen E-buch werden kostenlos als Original in Farbe auf Anfrage per Email geschickt gegen Kaufnachweis des Buches
Email: epubli@landesverlag.de

MIX
Papier aus verantwortungsvollen Quellen
Paper from responsible sources
FSC
www.fsc.org
FSC® C105338

"If there's a book that you want to read, but it hasn't been written yet, then you must write it."

Heinz Duthel

Bibliografische Information der Deutschen Nationalbibliothek:
Die Deutsche Nationalbibliothek verzeichnet diese Publikation in der Deutschen Nationalbibliografie; detaillierte bibliografische Daten sind im Internet über http://dnb.dnb.de abrufbar.
© 2016 Name des Autors/Rechteinhabers **Landesverlag.de**
Illustration: **Heinz Duthel**
Bearbeitung: **Heinz Duthel - ISBN 97833743117938**
Herstellung und Verlag: **BoD** - Books on Demand, Norderstedt

- **Discover - Asien erleben & entdecken –**
  Digitale Fotopraxis Reisefotografie

Vietnam
Laos
Cambodia
Thailand
Myanmar
Japan
China

Alle Bilder in diesen E-buch werden kostenlos als Original in Farbe auf Anfrage per Email geschickt gegen Kaufnachweis des Buches
Email: epubli@landesverlag.de